UNIVERSALIDADE
X
RESILIÊNCIA

Sobrevivendo ao Caos

Ádilla Barros dos Santos

A235u   Santos, Ádilla Barros dos
         Universalidade x Resiliência – Sobrevivendo
ao Caos. 1. ed. / Ádilla Barros dos Santos. Lauro de
Freitas: Independente, 2025.
54p.; 10,5x14,8.

ISBN: 978-65-89972-76-1

1.   Saúde mental. 2. Vulnerabilidade. 3. Insegurança. 4.
      Resiliência. 5. Superação. 6. Apoio familiar.
                                             CDD: 158.1

ÁDILLA BARROS DOS SANTOS
E-mail: adillabarros3@gmail.com

AGRADECIMENTOS

Agradeço primeiramente a Deus, por ter me concedido esta oportunidade e por ser a base das minhas conquistas.

Aos meus familiares e amigos, que contribuíram de forma positiva em toda a minha jornada.

DEDICATÓRIA

Dedico este trabalho a todos que me incentivaram e me acompanharam no desenvolvimento das minhas ideias.

"A esperança é o sonho do homem acordado" (Aristóteles).

REFLEXÃO

As escolhas que fazemos significam reflexos de decisões conscientes ou inconsciente que contribuirão de forma negativa ou positiva para a construção do nosso futuro. Ao longo da nossa jornada de evolução e crescimento, precisamos adquirir habilidades necessárias para a construção de fatores coerentes e positivos. Essas habilidades, chamadas **psicologias positivas**, contribuirão para o sucesso de indivíduos como membros em sociedade.

Segundo Martin Seligman, pai da **psicologia positiva**, o bem-estar subjetivo é definido pela ausência de depressão, presença de estados cognitivos e emoções positivas através das **forças de caráter**, que são traços positivos individuais que aumentam o nível de satisfação com a vida, como o conhecimento, a coragem, a humanidade, a justiça, a temperança e a transcendência.

Todavia, esses atributos são bases fundamentais para a evolução geral e essenciais para lidar com conflitos, estresse e obstáculos ao longo da vida. Sendo assim, o autoconhecimento é peça fundamental para identificar com clareza a percepção de vulnerabilidade, que não pode ser vista somente como um ponto de fragilidade, mas como gatilho de superação, para que possamos trabalhar o nosso interior e exterior. Enfim, precisamos identificar o que de fato nos afeta.

Dentro da periferia, um dos maiores problemas enfrentados por alguns moradores são "episódios de violência"; a exposição frequente e prolongada a essas situações gera uma sobrecarga ao nosso psiquismo, causando desordens mentais. As condições desfavoráveis, como a desigualdade social e econômica, podem influenciar bastante. Sabemos que grande parte dos adolescentes e adultos fazem uso recreativo de substâncias psicoativas, que, por sua vez, pode causar danos ao cérebro do usuário e definitivamente agravar o quadro de transtornos psiquiátricos, pois o consumo pode levar o indivíduo a apresentar sintomas de irritabilidade devido à dependência; são as chamadas crises de abstinência.

Alguns usuários afirmam ter iniciado o consumo de substâncias ilícitas na fase da adolescência, devido ao sentimento de pertencimento e até mesmo tomados pelo desejo de curiosidade, sob influência de conhecidos ou familiares.

Embora alguns usuários tenham conhecimento dos prejuízos causados à nossa saúde física e mental, muitos minimizam seus riscos. Por outro lado, vemos que a educação no Brasil está cada vez mais deficiente, e algumas mães com tarefas exaustivas, e sobrecarregadas dentro do lar, muitas vezes não conseguem suprir as necessidades afetivas dos seus filhos. Não efetuam a matrícula dos seus filhos na rede escolar, deixando-os expostos às ruas, passando por privações e sofrendo todas as formas de violência, pois a criança, quando não está matriculada em uma rede escolar, não consegue tem oportunidades para o seu desenvolvimento, perdendo chances essenciais para a sua faixa etária, ficando à margem da sociedade, sofrendo exclusão social e perdendo sua representatividade.

Existem também alunos matriculados na rede de ensino que relatam sofrimento psicológico por meio dos seus responsáveis, que, por sua vez, vivem em cenários marcados por tensões familiares. De certa forma, passam a apresentar dificuldades no aprendizado, interferindo até mesmo no seu desenvolvimento pessoal. É comum observarmos sinais evidentes de que, em algum momento da vida adulta, o aluno tenha dificuldades de interação e desenvolva comportamentos de irritabilidade. Em alguns casos, pode desenvolver sintomas de depressão, interferindo gravemente na saúde psicólogica, pois, quando há muito sofrimento psicológico, é gerado um estado de agitação ou desorientação, impactando bastante a saúde mental e física. Isso gera sintomas de transtornos de somatização e desperta gatilhos negativos que podem piorar se não soubermos gerenciar nossos pensamentos, afinal as doenças psicológicas impactam seriamente a saúde física.

De certa forma, o ambiente em que vivemos pode influenciar bastante na nossa saúde mental, causando-nos até mesmo doenças psicossomáticas, que são transtornos em que o sofrimento psicológico abala gravemente a saúde física, desenvolvendo doenças em que o paciente relata sofrer de dores em várias áreas do corpo, mas essas dores não são explicadas por nenhum relatório médico. Esses sintomas são bastante comuns em pacientes depressivos e ansiosos.

Com base nos argumentos citados, concluímos que todas as emoções negativas surgem devido a uma série de situações estressantes que interferem seriamente na saúde mental, atrapalhando o desenvolvimento pessoal e também o funcionamento da integridade anatômica, produzindo várias doenças físicas. As emoções negativas, no entanto, são perigosas para a saúde do homem e constituem as causas mais frequentes das mais variadas doenças que acometem o ser humano sem que ele perceba.

Quando o sistema nervoso, que é um componente afetivo das emoções, é prejudicado por alguma emoção negativa, o funcionamento é alterado, levando a pessoa a sentir-se doente, logo podemos ver que o sistema nervoso sofre uma perturbação emocional, contudo todo sentimento reprimido abala o estado emocional, causando sensações desagradáveis que gradativamente ocasionam sintomas ou doenças bastante incômodas.

É possível notar que as condições de desigualdade, o agravamento da pobreza e a precarização das condições de vida impactam consequentemente a saúde psicológica. Podemos compreender que a escassez financeira está relacionada a níveis mais altos de intensidade, pois a falta de recursos para suprir as necessidades gera um sentimento de interiorização, levando à perda da autoestima e causando muito sofrimento ao indivíduo, até mesmo trazendo um quadro persistente de sentimentos de tristeza e angústia.

A falta de recursos financeiros pode trazer consequências horríveis. Algumas pessoas adoecem com facilidade, outras perdem até mesmo a sanidade e surtam, principalmente em condições extremas. Dentre essas séries de condições desfavoráveis, podemos compreender que, de certa forma, a pobreza afeta o psicológico. Pesquisas concluíram que grupos que se enquadram nessas situações têm maiores chances de sofrer acidentes domésticos, pois não têm acesso a cuidados necessários de saúde; e, quando o atendimento é prestado, os serviços são de menor qualidade.

Considera-se que a vulnerabilidade social é um grande fator para o uso de drogas que prejudicam gravemente a saúde. Podemos destacar que o estresse prolongado, a falta de apoio social, a exposição frequente a toxinas, a falta de escolaridade e a exclusão social influenciam de maneira grave o estado psíquico e, com certeza, acarretam prejuízos sociais. Estudos mostraram que crianças expostas a condições desfavoráveis costumam ter prejuízos na sua capacidade de atenção, memória, raciocínio e inteligência, pois não conseguem encontrar oportunidades para desenvolver habilidades, vindo, de certo modo, a ter chances maiores de se envolver com a criminalidade.

Devemos, a todo momento, praticar o autoconhecimento, um psiquismo saudável, que nos permite buscar novas referências e ajuda a preservar o sentimento de autoestima.

A infância é a fase mais preciosa da nossa vida. Nesse primeiro período, começamos a formar nossa personalidade, e tudo o que acontece com uma criança servirá para moldar a sua visão futuramente. Essa visão é o modo através do qual nos relacionamos com o mundo, seja de forma positiva ou negativa. Todos nós nascemos com uma herança genética constituída com as informações genéticas dos nossos pais, que são estruturas que determinam nossas características, como tipo sanguíneo, cor do cabelo, cor dos olhos, cor da pele, personalidade e padrões de comportamentos. Sabemos que existem doenças de ordem genética. De acordo com o histórico genético da doença, o indivíduo, de certa forma, poderá ter a ciência de que talvez apresente essa doença no curso de sua vida, mas, para isso acontecer, haverá uma predisposição genética ou um fator predisponente ao desenvolvimento de tal doença. A alteração desencadeada está na dependência do fator predisponente do seu código genético.

Outro fator que incorpora os seus hábitos de vida e a maneira de agir é o fator desencadeante, que o indivíduo adquire no ambiente em que vive (família, comunidade etc.). Sabendo identificar quais são os fatores desencadeantes mediante uma conversa com o sujeito, conseguimos identificar os aspectos e como esse problema impacta sua vida social.

Os bons valores estão sendo tratados de forma deturpada e cada vez mais há aceitação e normalização. Os valores foram invertidos, não se acompanha mais de perto, não existe a educação familiar, o silêncio ganha prioridade no lar, e a todo tempo o excesso de tela ganha cada vez mais notoriedade. Os olhos ficam fixos na TV, ocupando as expressões de relações mútuas. De certa forma, a conexão tecnológica está impedindo as conexões familiares, e o pior de tudo isso é quando existem "filhos". Algumas crianças são frutos de famílias desestruturadas, cujo ambiente, de certa forma, é marcado por conflitos; não possuem uma educação necessária, não conseguem receber uma base sólida familiar adequada e não têm o preparo para passar por situações adversas. Há os riscos comuns de, nas esquinas, não

receberem uma orientação, um ensi-
namento. Não existem correções. Os
presentinhos substituem formas de
afeto, e elas sofrem com o desdo-
bramento de carência afetiva.

Um dos pi-
ores inimigos do
cérebro é o estres-
se, essa emoção
perturbadora que
aflige milhares de
pessoas. Em esta-
do avançado, pode
haver o desenvol-
vimento de síndrome de *burnout*, que
é um distúrbio psíquico caracteriza-
do pelo estado de tensão emocional,

com sintomas de exaustão extrema, estresse e esgotamento físico resultante de situações de trabalho desgastante, que demandam muita competitividade ou responsabilidade. Toda essa situação sofrida leva ao desgaste do organismo, pois essa emoção age destruindo as células cerebrais e danificando o hipocampo, que é a região envolvida na formação de novas memórias e na recuperação das antigas, afetando a regulação dos neurotransmissores e a comunicação entre as células cerebrais e diminuindo a quantidade de serotonina e noradrenalina, causando tensão mental e fisiológica.

Podemos destacar também o estresse tóxico gestacional, que é o período em que os hormônios estão cada vez mais aflorados, havendo, de certo modo, um desequilíbrio hormonal. Nessa fase, o corpo está passando por transformações. É comum vermos filhos de usuários de drogas apresentarem problemas no desenvolvimento, não fazem interação social, brincam pouco e apresentam variações de humor com crises intensas de irritabilidade. Também sofrem situações estressantes no meio familiar e são mais suscetíveis ao estresse tóxico que está associado a problemas de saúde mental e ao abuso de psicoativos.

Um projeto que vem se destacando nos sistemas prisionais é o da remição da pena por leitura, que é o abatimento dos dias e das horas de trabalho ou estudo do tempo de condenação do preso.

O hábito de leitura ajuda o detento a acessar o mundo exterior, fazendo-o compreender alguns acontecimentos, frutos de algumas experiências vividas, impactando bastante a vida das pessoas privadas. Com base na letra da canção de Lilian[1]:

---

[1] SOU rebelde. Intérprete: Lilian. [*S. l.*: *s. n.*], 1978. Disponível em: https://www.youtube.com/watch?v=esh7s3 ffAgM. Acesso em: 28 nov. 2024.

Eu sou rebelde porque o mundo quis assim
Porque nunca me trataram com amor
E as pessoas se fecharam para mim
Eu sou rebelde porque sempre sem razão
Me negaram tudo aquilo que eu sonhei
E me deram tão somente incompreensão
Eu queria ser como uma criança
Cheia de esperança e feliz
E queria dar tudo que há em mim
Tudo em troca de uma amizade
E sonhar, e viver
Esquecer o rancor
E cantar, e sorrir
E sentir só o amor

É uma música antiga que reflete a realidade de muitas pessoas que anteriormente, em sua infância, passaram por situações desagradáveis que abalaram a sua psique de alguma forma, trazendo consigo lembranças tristes; enfim, um prato cheio para a depressão.

A letra retrata uma criança interior ferida que, na vida adulta, não conseguiu tratar emocional e psicologicamente as suas feridas. Todos nós temos uma criança interior que precisa ser trabalhada, acolhida e tratada.

O contexto da letra possui bastante coerência e argumentos com fundamentos que condizem com a realidade. Tem conteúdo, porém leva o indivíduo a sofrer uma perturbação negativa da emoção.

Vejamos a letra da canção de Heloísa Rosa[2]:

Não se turbe o vosso coração
Crede em Deus e também em Mim
Na casa de Meu Pai há muitas moradas
Se não fosse assim, Eu não teria dito
Vou preparar-vos um lugar
Eu virei e vos levarei para Mim mesmo
Vós conheceis o caminho para onde Eu vou
Eu sou o caminho, a verdade e a vida
Ninguém vem ao Pai, a não ser por Mim
Em verdade eu vos digo, porque Eu vou para
o Pai

---

[2] JESUS é o caminho. Intérprete: Heloísa Rosa. [*S. l.: s. n.*], 2004. Disponível em: www.youtube.com/watch?v=SrvFZDSkieU. Acesso em: 28 nov. 2024.

Mas aquele que crer em Mim obras maiores
fará
Se Me amares verdadeiramente
Guardareis os Meus mandamentos
Eu rogarei ao Pai, Ele vos dará o Consolador
O Espírito da Verdade que o mundo não pode
receber
Mas Ele habita em vós e estará em vós pra
sempre
Aquele que tem os meus mandamentos
E os guarda, esse é o que Me ama
E se alguém Me amar
Será amado por Meu Pai
Eu também o amarei
E Me manifestarei a ele, a ele
Quero Te amar mais, Senhor
Quero Te amar mais, Senhor

Expressa que existe um Deus
que nos fortalece, nos levanta e nos

ajuda a fazer um belo recomeço, pois o Senhor pode nos dar a paz de que precisamos.

"Deixo-vos a paz, a minha paz vos dou; não vo-la dou como o mundo a dá" (João 14:27).

Essa paz é uma sensação de tranquilidade e positividade em relação à vida.

Muitos ex-presidiários conseguem encontrar na literatura motivação para abandonar a vida no mundo do crime, superando preconceitos e sendo motivo de superação para muitos que se encontram encarcerados em condições desiguais. De certa forma, a escrita pode mudar vidas, é uma maneira pela qual podemos ajudar, buscando na educação uma força para se ressocializar, pois uma boa formação profissional e educacional proporciona melhores alternativas.

Um exemplo de expressão na literatura foi Jocenir Prado, que ficou conhecido quando foi preso inocentemente e, na cela, passou a ser chamado de "tiozinho" ou "velhinho", devido à idade. Compôs a letra da música *Diário de um Detento*[3] e foi autor do livro Diário de um detento[4], que deu origem à letra cantada na voz de Mano Brown, destaque e uma das maiores referências do gênero rap. Jocenir descreveu com detalhes a história dele na prisão, foi condenado a 8 anos e 3 meses, e faleceu em

---

[3] DIÁRIO de um detento. Compositor: Jocenir Prado, Mano Brown. Intérprete: Racionais MC's. [*S. l.: s. n.*], 1997. Disponível em: www.youtube.com/watch?v=dGFxdmuDA4A. Acesso em: 28 nov. 2024.

[4] PRADO, Jocenir. **Diário de um detento**. [*S. l., s. n.*], 2001.

1º de dezembro de 2021. Jocenir, de fato, possibilitou aos jovens e adultos uma maneira reflexiva do sistema prisional. Muitos ex-presidiários e detentos afirmam ter "vivido o rap" e encontrado nas letras inteligência como meio de sobrevivência, podendo fazer reflexões. Cada letra descreve aspectos da vida. Mano Brown, ao longo do tempo, sofreu muitas discriminações acerca de algumas letras compostas por ele mesmo, mas o gênero musical e a literatura sempre foram uma forma de expressão social, cultural e artística.

A religiosidade tem mostrado papel importante e bastante positivo em relação aos traumas psicológicos. Ao buscar apoio espiritual, o indivíduo consegue entender tal situação e estabelecer, por meio do auxílio divino, inteligência e sabedoria, favorecendo a importância do processo de resiliência.

O evento traumático depende do processo perceptivo, e cada pessoa absorve de maneira diferente as situações, o que ressalta a importância também do apoio familiar e psicoterápico. Muitas vezes vivenciamos memórias traumáticas; com o passar dos anos, começamos a apresentar uma série de comorbidades que podem comprometer gravemente a qualidade de vida. Para podermos compreender o sofrimento do outro, é necessário ter muita empatia.

Temos bem mais qualidade de vida quando conseguimos integrar aspectos da nossa vida em nossa personalidade e conseguimos praticar o autoconhecimento, reconhecendo as nossas fragilidades, transformando essa dinâmica imatura em potencial e superação, e reconhecendo nosso valor ao converter os obstáculos em oportunidades de crescimento pessoal.

Podemos dizer que vivemos em uma sociedade doentia, bastante preconceituosa e alienada. Infelizmente existem pessoas que preferem ficar presas dentro de si mesmas, contribuindo com a ignorância, que é o que mais fracassa a sociedade. Cada vez mais as pessoas têm se tornado vulneráveis aos conflitos internos, colaborando ainda mais para o desgaste mental, passando a desacreditar até mesmo nas mudanças e no potencial de superação. Não conseguem manter uma visão positiva de si mesmas, não compreendem o mundo ao redor e nem mesmo têm perspectiva de um futuro melhor.

A atividade física tem mostrado resultado eficaz no tratamento de doenças neuropsiquiátricas, como a depressão e a ansiedade, eliminando o estresse crônico. Sabemos que o sedentarismo é um dos fatores que contribuem para o aparecimento de diversas doenças no nosso organismo, pois, quando deixamos de nos exercitar, produzimos substâncias que prejudicam todo o sistema nervoso. A atividade física, de certo modo, trabalha e estimula todo o corpo, enviando sintomas positivos ao cérebro, informando que tudo está indo bem, melhorando positivamente o humor, restaurando a cognição, desenvolvendo o raciocínio, apresentando benefícios saudáveis para a memória e estimulando de maneira definitiva o córtex pré-frontal.

O ambiente, de certa forma, pode contribuir para a necessidade compulsiva de utilizar as substâncias devido aos efeitos prazerosos e imediatos. Quanto maior a quantidade dessa substância utilizada no organismo, maior é o risco de dependências. Diferentes substâncias psicoativas têm maneiras diferentes de agir no cérebro. Devido ao efeito satisfatório, os circuitos no cérebro são ativados, causando uma sensação de satisfação momentânea e justificando a razão pela qual o comportamento associado à dependência pode ser conduzido.

O cérebro tem um sistema que se desenvolveu para orientar e direcionar o comportamento. Diferentes efeitos a curto e longo prazo trazem diferentes sintomas de abstinência, pois o consumo gradativo domina as atividades neurais, causando diferentes efeitos sobre o comportamento.

Podemos afirmar que toda substância psicoativa distorce o funcionamento do cérebro. O jovem é constantemente influenciado por publicidade, isso faz com que acredite que, se não estiver sob efeito de algumas substâncias, não há diversão, e cada vez mais ele se afasta do convívio familiar e é instigado por isso, fazendo com que a vida gire em torno dos vícios.

Ao usar diferentes substâncias, o adolescente acaba prejudicando a função cognitiva, pois nessa fase é desenvolvida a maturidade neuronal psicológica, é a fase em que os adolescentes apresentam comportamentos desafiadores, frutos do dano cerebral desregulado pelo uso de substâncias, passando a conviver somente com quem utiliza drogas, desviando o adolescente de uma vida saudável, pois qualquer outra atividade não produz nenhum estímulo, afastando-o gradativamente de atividades sociais produtivas. Ele também apresentará queda no rendimento escolar, que, por sua vez, causa a falta de compromisso, gerando fracasso, falta de habilidades, e trazendo consigo experiências negativas que promovem desconfortos emocionais como vazio, medo, frustrações e ansiedade.

Ádilla Barros dos Santos

Nasceu em Alagoinhas, interior do estado da Bahia, e mudou-se para Brotas, bairro central da cidade de Salvador. Cursou o ensino fundamental em uma escola no município de Lauro de Freitas, região metropolitana de Salvador, onde passou grande parte da infância. Terminou o último ano do ensino médio no ano de 2017 na Escola Rotary, em Itapuã, um dos bairros mais famosos da capital baiana, que reserva beleza, cultura e encanto. No início de 2024, fez a especialização na área da dependência química, com a função de terapeuta holística, que tem como objetivo estabelecer equilíbrio mental, utilizando técnicas a fim de contribuir para a reinserção social do dependente químico na sociedade.

www.ingramcontent.com/pod-product-compliance
Lightning Source LLC
LaVergne TN
LVHW010254200726
843506LV00014B/3269